AF226724

LE
BON SENS DU PEUPLE

OU

NÉCESSITÉ DE LARGES ÉCONOMIES

ET

DE L'ALLÉGEMENT DES IMPOTS :

MOYEN TRÈS EFFICACE POUR Y PARVENIR

ET QUI SEUL PEUT SAUVER LA FRANCE.

CONDOM :

DUPOUY, IMPRIMEUR, PLACE D'ARMES.

AVANT-PROPOS.

Tous aiment le bien-être que l'ordre seul peut donner, il y en a bien peu qui ne le comprennent. Tous généralement tiennent donc à l'ordre, parce que le bien-être, que l'on aime, en est inséparable.

Un appel à l'ordre trouve donc partout de l'écho, la plus grande sympathie, une infinité de personnes toujours disposées à répondre à cet appel.

En serait-il de même aussi des économies, de la réduction des traitements et des impôts? Peut-on considérer le bien-être comme ne pouvant aussi en être séparé? Oui, sans doute, et l'on peut ajouter qu'il y a bien peu de personnes qui ne le pensent, qui n'en soient convaincues.

Cependant, il faut le dire, tous ceux qui tiennent à l'ordre, ne tiennent pas également aux économies. Car, il y en a plusieurs qui ont le plus grand intérêt au maintien de l'ordre, et qui profitent, au contraire, des dépenses. C'est pour eux qu'elles se font. Ils ne sont donc pas ennemis de l'énormité du budget, des gros traitemens.

Il est vrai, qu'ils sont en bien petit nombre, comparativement aux autres; mais ils sont beaucoup plus puissants; ils gouvernent; ils occupent les emplois ou espèrent les occuper; ils parlent donc beaucoup de la nécessité de l'ordre, et très peu de la nécessité d'abaisser les traitemens, de réduire les impôts, de soulager le peuple.

Eh bien! il faut le dire, le soulagement du peuple est assez important par lui-même pour mériter qu'on se le propose, que tous le demandent, le réclament. Et, de plus, il est inséparable de l'ordre; car, quelle tranquillité, quelle stabilité peut-on espérer si le peuple est toujours dans un état de souffrance; s'il est dans la misère?

On peut donc regarder l'ordre et l'économie, ou la réduction des impôts , qui n'est possible que par les économies, comme réagissant l'un sur l'autre , étant , à la fois , cause et conséquence l'un de l'autre.

Sans ordre point d'économie , point de réduction d'impôts.

Sans économie , sans réduction d'impôts : souffrance, misère, mécontentement général ; point de sécurité : l'ordre toujours en péril et menacé.

L'objet de cet écrit a été d'établir la nécessité d'un système duquel puisse résulter d'un côté : l'ordre, la tranquillité publique ; et de l'autre , l'économie , la réduction des impôts , le soulagement du peuple et d'indiquer , aux électeurs , le moyen d'y parvenir.

LE BON SENS DU PEUPLE,

ou

Nécessité de larges Économies,

De l'allégement des Impôts :

Moyen très efficace pour y parvenir

ET QUI SEUL PEUT SAUVER LA FRANCE.

***

Tout pour la France et par la France !

Jamais peut-être on n'avait éprouvé une situation plus dure, plus difficile, plus déplorable que celle qui se prolonge depuis si long-temps. Elle pèse sur tous sans doute, si ce n'est pourtant sur les hommes en place. Elle pèse sur l'industrie, sur le commerce, sur la propriété, mais surtout sur la propriété obérée.

Tous, nous sommes victimes d'une si triste situation. Il est bien naturel que tous aussi nous en recherchions les causes; que, les connaissant, nous nous mettions en état d'y appliquer le remède.

C'est, pour mon compte, ce que je me suis proposé dans cet écrit.

Je n'ignore pas que plusieurs diront, sans doute, qui suis je, moi, pour m'occuper d'objets aussi sérieux, aussi importans, d'objets d'où dépend la destinée de la France ; qui suis-je? Je leur dirai : je ne suis rien, et personne aussi ne le sait mieux que moi, je ne suis rien ; mais, comme tous les autres, je souffre de la triste situation de la France. Le mal général me touche comme les autres ; je le sens. Les causes ne sont pas difficiles à reconnaître. Je cherche à m'en délivrer.

Souvent on a parlé du bon sens du peuple. On a dit qu'il n'est pas trompé par l'instinct qui l'inspire.

Et il faut bien, en effet, qu'on ait eu cette pensée, puisqu'on lui a accordé le suffrage universel; qu'on a reconnu non seulement que tout devait être fait pour lui, mais encore par lui.

Eh bien ! je n'ai moi-même d'autre prétention que de faire partie de ce peuple qui n'est pas instruit, mais à qui Dieu pourtant n'a pas refusé un rayon de sa sagesse : et c'est précisément ce qui fait en lui ce bon instinct qu'on lui reconnaît et qui l'éclaire sur ses vrais intérêts.

Cependant, il n'est peut-être pas inutile d'observer que nous ne

Le crédit ne peut naître que de la confiance. Ainsi sans confiance point de crédit, et sans crédit point d'affaires, sans affaires point de commerce, et sans commerce, misère, détresse. Or, le principe révolutionnaire est absolument incompatible avec la confiance, la sécurité; donc, il ne peut produire, en effet, que misère, détresse.

Mais, si nous pouvions l'ignorer, ne l'aurions-nous pas appris et beaucoup trop par la longue et malheureuse expérience que nous en avons faite.

Sous la première République, sous l'Empire même, il n'a point existé de crédit. Ces temps n'ont pas été heureux pour le développement de l'industrie et du commerce; ils n'ont pas été florissants. Les troubles, l'agitation, les guerres civiles et étrangères, conséquences du principe révolutionnaire sous la première République, et les guerres continuelles de l'Empire ne pouvaient donner aucune sécurité.

Il n'en a pas été ainsi sous la Restauration. Ce gouvernement était sans doute l'opposé du principe révolutionnaire. Dix siècles, placés devant lui, le faisaient considérer comme ayant des racines; enfin, on voyait ou du moins on croyait voir en lui des garanties de stabilité; il inspirait la confiance. Le crédit, inconnu jusqu'alors, s'établit, se développe, grandit avec une proportion étonnante. Deux milliards que l'invasion étrangère et l'indemnité ont coûté à la France en un petit nombre d'années, ne peuvent l'arrêter. Les fonds de l'état, que la Restauration avait trouvés sans valeur, dans le néant, dépassent de beaucoup le pair.

Ce qui est encore infiniment remarquable, c'est que la Restauration avait trouvé les finances dans l'état le plus délabré, la caisse vide, le trésor obéré de dettes, et néanmoins, au milieu de tant de difficultés, de toutes ces circonstances si défavorables, elle trouve le moyen de dégrever l'impôt foncier de plusieurs millions, et elle était au moment de continuer de bien plus grandes réductions, lorsqu'elle fut surprise par la révolution de 1830.

Le principe révolutionnaire a tour-à-tour renversé le gouvernement de la Restauration et ensuite celui de Louis-Philippe. Le thème ordinaire et favori de ses invectives était la prodigalité, les sinécures, le cumul, les gros traitemens; il sollicitait de grandes économies; et, à l'entendre, rien n'était plus facile.

Eh bien! qu'ont-ils fait ces hommes du principe révolutionnaire, arrivés au pouvoir?

Sous Louis-Philippe, ils ont augmenté le budget de la moitié en sus de ce qu'il était sous Charles X.

Les républicains de la veille, qui ont succédé à Louis-Philippe, l'ont porté à près de 1900 millions.

Ces républicains, qui devaient tant faire pour le peuple, ont augmenté les prodigalités. Ils ont envoyé de toutes parts, et à grands frais, une infinité de commissaires, dans leur seul intérêt, pour faire de l'agitation, influencer les élections à leur profit ; tous les frais soldés avec la bourse des contribuables : ces commissaires payés à 40 francs par jour.

Ils ont établi l'impôt de 45 centimes, tué l'industrie, le commerce, l'agriculture, la propriété, toutes les affaires, ruiné tout le monde.

Alors on a vu de toutes parts, en masse, des destitutions ; les hommes nouveaux se remuer, s'agiter, former une nuée de solliciteurs, courir à la hâte de tous les côtés à la curée des places vacantes, objet de leur ambition, de leur appétit dévorant, se précipiter sur elles comme sur une proie depuis si longtemps convoitée.

Ce n'est pas ce principe qui pourra jamais nous donner des économies, avec lequel nous trouverons ce soulagement si ardemment désiré et qui nous est si nécessaire.

Ce n'est pas avec un tel principe qu'il sera jamais possible de réduire l'armée. Car, il est évident qu'elle ne peut l'être qu'avec le principe d'ordre, de sécurité. Il faut, pour désarmer devant l'Europe, pouvoir compter sur elle, et qu'elle aussi puisse compter sur nous. Il faut, de part et d'autre, se croire en sécurité ; mais quelle sécurité peut inspirer le principe révolutionnaire, ce principe de dissentimens, de désordres, de dissolutions, de renversement, dont l'élément est le trouble, l'agitation ; avec lequel rien n'est stable, n'est permanent, tout est toujours mis en question ? Avec ce principe, on ne peut pas se passer de nombreuses armées ; car ce n'est que par la force qu'on peut maintenir l'ordre dans l'intérieur et trouver des garanties de paix, entouré de nations et d'états avec lesquels on vit dans une continuelle défiance.

Or, ce n'est encore évidemment que par une réduction considérable de l'armée qu'il est possible d'entrer largement dans le système des économies. Mais, nous venons de le voir, ces réductions sont impossibles avec le principe révolutionnaire. Ce n'est donc pas de ce principe qu'il faut les attendre. Ce n'est pas lui qui pourra les faire.

Mais, est-il donc nécessaire de prouver que le principe révolutionnaire est désastreux, funeste, qu'il perd la France ? Qui peut se dire exempt du mal qu'il fait à tous ? Qui ne souffre ? qui ne doit pas souffrir d'un mal général qui frappe tout, travail, industrie, commerce, agriculture, propriété ? Et d'où vient que tout s'est ainsi suspendu, arrêté, que l'atonie se prolonge sans terme ? C'est que tout le monde voit en regard, comme l'épée de Damoclès, le principe révolutionnaire suspendu devant soi. On s'imagine un volcan dont le cratère, toujours ouvert, menace à tout instant de nouvelles éruptions. Comment donc, sous l'influence d'une frayeur générale, qui paralyse tout, pourrait-on reprendre les affaires, les entreprises ? C'est impossible !

On peut en être bien sûr, les affaires ne se rétabliront qu'après la confiance, et il n'y aura point de confiance si l'on appréhende les explosions du principe révolutionnaire, si l'on n'est pas entièrement rassuré sur les dangers à courir. La vie de ce principe, c'est la mort des affaires ; le mouvement, la vie des affaires, c'est la mort de ce principe.

La France veut être soulagée, elle réclame une autre situation ; car elle est misérable celle qui lui a été faite. Mais, il est bien évident qu'elle ne peut l'espérer qu'en quittant les voies, les moyens qui ont produit cette même situation, que par d'autres entièrement différens.

Le principe révolutionnaire parle toujours de la souveraineté du peuple et il fomente l'insurrection. Mais l'insurrection ne peut être qu'un attentat à la souveraineté du peuple. Le peuple ne pouvant se gouverner lui-même, ne pouvant le faire que par ses délégués, sa souveraineté ne peut consister que dans le suffrage universel. Or, l'insurrection est toujours très locale, elle ne se produit jamais que dans une partie extrémement minime de la nation. Une insurrection de moins de 20 mille hommes peut quelquefois renverser le gouvernement dans une capitale ; et qu'est-ce qu'une population de 20 mille hommes comparée à celle de la capitale, et qu'est-ce encore que la population de la capitale comparée à celle de la nation ? Et néanmoins si l'insurrection a réussi, si elle a changé le gouvernement, on ne demande jamais au peuple sa sanction, son approbation, c'est-à-dire, qu'au fond, on prétend imposer à la nation entière l'œuvre de la force : c'est lui ravir ses droits, empiéter sur sa souveraineté ; c'est un crime de lèze-nation.

Qu'on ne s'imagine pas que le principe révolutionnaire, l'une des principales causes de la situation, ne soit opposé qu'au gouvernement monarchique ; mais qu'il serait l'appui, le soutien de la République ; ce serait une grande erreur de le croire.

Le principe révolutionnaire, en portant au mépris de l'autorité, en provoquant à l'insurrection, n'est pas moins ennemi de la République, qu'il le serait de la monarchie.

Au reste, il est impossible d'en douter après les cruels événemens dont nous venons d'être les témoins, après cette fatale et malheureuse expérience que nous en avons faite dans l'insurrection de juin.

C'étaient, sans doute des révolutionnaires les auteurs de cette insurrection, les hommes égarés qui y participèrent. La République fut donc, alors, attaquée par des révolutionnaires.

Et par qui fût-elle défendue ?

Elle le fut, en partie, par des hommes, il est vrai, qui étaient eux-mêmes révolutionnaires, mais qui pouvaient tenir, dans cette circonstance, à la cause de l'ordre, dans l'intérêt même de leur conservation, et qui, en cela même, se mettaient en opposition avec le principe révolutionnaire.

Mais, ce qu'on ne saurait assez remarquer, elle fut défendue, sans exception , par tous les hommes d'ordre , par tous ceux qui reconnaissent le principe d'autorité , la nécessité de lui être soumis , le respect qui lui est dû.

Aucun d'eux ne s'est trouvé dans les rangs des insurgés ; aucun d'eux n'a jamais figuré dans un complot contre le pouvoir.

Et au fond , il doit bien en être ainsi.

La forme du gouvernement est , en soi, très indifférente. Le gouvernement est évidemment pour le peuple , et non le peuple, pour le gouvernement.

D'où il suit , que, s'il est vrai , qu'une forme de gouvernement , selon le temps et les circonstances , est plus propre qu'une autre forme à faire le bien de tous ; si elle est plus avantageuse au peuple , elle doit être préférée à toute autre forme.

Toujours est-il , qu'un gouvernement étant indispensable pour le maintien de l'ordre, l'ordre aussi demande que l'on ne s'insurge pas contre ce gouvernement , qu'on le soutienne au contraire , qu'on le défende.

Le principe révolutionnaire ne sait que détruire , démolir ; il est incapable de rien édifier.

Mais , dira-t-on , les révolutionnaires qui ont détruit un gouvernement , l'ont eux-mêmes remplacé par un autre qu'ils ont établi immédiatement.

Et vraiment, ils ne se sont pas alors oubliés. Ils ont renversé un gouvernement, et pourquoi? Pour le remplacer et par qui ? Par eux-mêmes. Beaucoup d'honneur, Messieurs les Révolutionnaires, vous avez montré un grand désintéressement , une abnégation admirable !

Eh bien ! maintenant je dis qu'en établissant un gouvernement on cesse d'agir par le principe révolutionnaire ; mais plutôt, en vertu du principe d'ordre , sans lequel nulle société ne pourrait exister.

Le gouvernement détruit , il y a absence de gouvernement : et , l'absence de gouvernement , c'est l'anarchie, c'est la mort de la société.

Or , la société ne veut pas mourir , même cette fraction si minime de la société, qui s'est laissée malheureusement égarer par des ambitieux, qui se sont servis d'elle pour arriver au pouvoir.

Il est donc vrai que les révolutionnaires , en établissant un nouveau gouvernement , agissent , au fond , en vertu de cette loi suprême de l'ordre.

Et cependant , il faut reconnaître que la part qu'ils prennent eux-mêmes comme révolutionnaires à l'établissement de ce nouveau gouvernement, bien loin de le fortifier, ne peut que l'affaiblir; ils ne peuvent que lui apporter des élémens , des germes de dissolution , de ruine , ne serait-ce que par l'exemple contagieux donné à d'autres révolutionnaires ambitieux , qui voudraient un jour les imiter, et qui assurément ne manqueront pas de le faire.

Et , de là , il suit , que les hommes d'ordre seront toujours les plus solides appuis, les meilleurs soutiens d'un gouvernement.

2° *La Bureaucratie ou Budget monstre ; Bureaucratie sortie du principe révolutionnaire et arrivée au pouvoir elle-même , après avoir remplacé le pouvoir qu'elle avait renversé.*

Par Bureaucratie, sortie du principe révolutionnaire, nous entendons ce principe vainqueur , pouvoir lui même après avoir remplacé celui qu'il a renversé, occupant alors tous les emplois , et formant ainsi la bureaucratie.

A ce point de vue , la bureaucratie n'est encore que le principe révolutionnaire , dominant , et usant de son pouvoir pour occuper tous les emplois , en créer , s'il lui plaît , de nouveaux , et fixer les traitemens.

Déjà , l'on comprend combien se lient ensemble le principe révolutionnaire et la bureaucratie sortie de ce principe. L'un veut arriver au pouvoir ; l'autre l'occupe. Le principe est le même. Il est assez difficile, en parlant de l'un, de ne point répéter beaucoup de choses, qui ont été dites de l'autre. Cette nécessité vient du sujet.

Tout le monde reconnaît maintenant que les révolutions successives qui ont déchiré la France , n'ont eu d'autre mobile que l'ambition.

Et le mobile de cette ambition , c'est l'égoïsme , l'intérêt personnel ; le désir de se procurer une excellente position, de bonnes places, avec de très gros traitemens.

Avec ces dispositions , le premier soin des révolutionnaires, après avoir renversé le gouvernement , devait être de profiter de leur victoire , d'en recueillir les fruits, leur part ; d'en retirer tout les bénéfices possibles.

Cette part, c'est un emploi, une bonne place à donner. Or , une infinité de personnes se présentaient à la fois : toutes formant la même demande, et ne voulant pas seulement une place, mais une place très lucrative. Le nombre des aspirans était très supérieur à celui des places; on était donc nécessairement obligé, pour satisfaire toutes les ambitions , de créer un nombre infini de places nouvelles , et, en outre, d'augmenter tous les traitemens. Mais cela ne pouvait évidemment se faire sans augmenter énormément le budget. C'est donc la bureaucratie, sortie du principe révolutionnaire qui a produit le budget monstre auquel nous sommes successivement arrivés.

Mais, il est aisé de voir que, par là aussi. la bureaucratie parvenue au pouvoir s'est trouvée dans la nécessité de faire elle-même, mais en aggravant les torts , tout ce qu'elle avait si vivement reproché au gouvernement qu'elle avait renversé.

Et, étant devenue pouvoir elle-même , elle s'est trouvée dans la plus fausse , la plus difficile , la plus dangereuse position.

La bureaucratie est bien vaste, sans doute, et, après la victoire du principe révolutionnaire, elle en devient bien davantage encore, par la nécessité où elle est, pour satisfaire l'ambition des solliciteurs, de créer un nombre infini de places nouvelles. Mais, si vaste qu'elle soit, elle ne l'est pas encore assez pour y loger, à leur fantaisie, la multitude immense des amateurs ambitieux, tous pourtant révolutionnaires, qui voudraient y trouver une bien bonne, bien commode, bien riche place. Force leur est, et à leur grand déplaisir, de se tenir encore en dehors ; ils se retirent donc alors dans le camp révolutionnaire ; et de là, comme dans un fort retranché, ils ne cessent de livrer des assauts à la bureaucratie qui appartient à d'autres encore, de la harceler, de la battre en brèche, de ne rien négliger, enfin, pour la démanteler, s'ouvrir un passage et s'emparer à leur tour d'une position où il y a un si riche butin à faire.

La bureaucratie, sortie du principe révolutionnaire vainqueur, a donc à se défendre, pour se conserver dans sa nouvelle position, contre les révolutionnaires non pourvus, et qui se proposent, de même que le faisaient auparavant leurs adversaires possédant maintenant le pouvoir, occupant toutes les places, d'y arriver à leur tour.

Et, ces révolutionnaires, il faut en convenir, sont des ennemis d'autant plus dangereux, d'autant plus terribles, qu'ils l'attaquent avec les propres armes dont s'était servie auparavant cette bureaucratie lorsqu'elle voulait elle-même arriver au pouvoir.

Vous vouliez, lui disent les révolutionnaires, des économies ; mais en avez-vous fait ? Vous reprochez au gouvernement que vous avez remplacé la prodigalité, les dépenses excessives, les sinécures, les gros traitemens, un budget trop élevé ; mais vous avez, en tout, multiplié tous les abus ; vous avez fait pire que ceux que vous avez renversés. Le budget n'était pas auparavant d'un milliard, et vous l'avez élevé à plus de 1,500 millions.

Si le gouvernement que vous avez renversé a mérité de l'être par sa mauvaise administration, reconnaissez donc, qu'administrant vous-même plus mal encore, vous méritez aussi de l'être : cédez donc la place à d'autres qui feront mieux que vous.

Eh bien ! la bureaucratie de Louis-Philippe a été expulsée elle-même et remplacée par les républicains de la veille. Mais la bureaucratie expulsée leur fait à son tour ce reproche : vous trouviez que nous avions trop élevé le budget en le portant à 1,500 millions ; mais, pourquoi vous-mêmes ne vous en êtes-vous pas contentés ? Pourquoi l'avez-vous poussé à près de 1,900 millions ? Pourquoi avez-vous écrasé la propriété, tout le monde, par l'impôt de 45 centimes ?

Que peut-on opposer à des attaques de cette nature ? Rien. Que fait donc alors le pouvoir révolutionnaire ou la bureaucratie ? Nous l'avons déjà dit, elle appelle à son aide l'ambition, l'égoïsme, ne pouvant s'appuyer sur le droit, la justice. C'est, par l'appel de la convoitise qu'elle cherche à se procurer des partisans ; par la corruption, pratiquée sur la plus vaste échelle ; mais, alors, elle entre aussi dans la voie des prodigalités, des dépenses énormes, d'un budget toujours en déficit, et de plus en plus se grossissant. Elle ne fait que justifier les reproches qui lui sont faits, et rendre plus vives les attaques auxquelles elle est constamment en butte.

On voit donc que ces révolutions sans terme ne sont, après tout, comme tout le monde d'ailleurs le sait, que la guerre aux places, et la devise du drapeau : ôte-toi de là, que je m'y mette.

Il y aura toujours guerre entre la bureaucratie et le principe révolutionnaire, et c'est la France qui en paye les frais. Nécessairement opposés, ennemis l'un de l'autre, ils n'ont pourtant que le même but : c'est de s'enrichir aux dépens de la France ; ce n'est que pour cela qu'ils se font la guerre.

Les hommes de la bureaucratie sont, tour à tour, ou conservateurs ou révolutionnaires.

Employés dans la bureaucratie, lorsqu'ils se sont glissés au pouvoir à l'aide d'une révolution, ils deviennent conservateurs. Car, leur ambition alors, c'est de conserver la bonne position qu'ils se sont faite, et de se la faire meilleure, s'ils peuvent. Alors, ils se disent des hommes d'ordre, car ils sont bien obligés de se défendre contre les révolutionnaires qui en veulent à leur place, qui veulent la leur ravir.

Mais, chassés eux-mêmes de la bureaucratie, par suite d'un revirement politique, ils sont alors révolutionnaires ; car, ils veulent, à tout prix, recouvrer ces places chéries où ils se trouvaient si bien à l'aise.

Les hommes révolutionnaires, comme ceux de la bureaucratie, sont grands partisans du système que les places doivent être grassement rétribuées ; à les entendre, il n'y aurait pas, sans cela, d'égalité : les riches peuvent seuls les occuper. Il faut donc, selon eux, pour que les pauvres puissent aussi y arriver, que les traitemens soient considérables, que les places soient lucratives.

Mais il est trop aisé de voir qu'ils ne sont, les uns et les autres, inspirés que par leur ambition ; l'égalité les touche bien peu. S'ils n'avaient en vue que la pratique de l'égalité, pourquoi voudraient-ils que l'utile cantonnier ne reçût qu'un traitement qui peut à peine suffire aux besoins les plus nécessaires, les plus urgents de sa famille, pour se procurer le pain, les habits qu'il lui faut ; si elle est nombreuse, il ne le peut que bien difficilement, tandis qu'un autre fonctionnaire, dont le travail sera beaucoup moins pénible, recevra lui-même un traitement dix, vingt, trente, quarante fois plus considérable que celui du cantonnier, et il y a des emplois, dont les traitements présentent une bien plus grande disproportion encore.

Si l'on est sans fortune , on s'estimera ordinairement heureux d'exercer un emploi , dont le traitement , si minime qu'il soit , sera plus avantageux encore presque toujours que la position où l'on se trouverait , si l'on était obligé, par un travail ou une industrie très incertaine, de se procurer les ressources nécessaires.

Si elle est moins avantageuse que la position où l'on pourrait se placer par son travail ou son industrie , on est toujours libre d'y renoncer ; on en trouverait très facilement d'autres , riches ou pauvres , qui seront disposés à l'accepter.

Au reste , n'est-ce pas une dérision amère à l'égard des pauvres, de dire que , pour eux , les places doivent être largement payées. Sont-ce les pauvres qui occupent une seule place à traitement élevé ? En est-il un seul, sous-préfet , magistrat ? Les places qui sont pour eux , qu'eux seuls remplissent , ne sont pas , il faut bien le dire , trop rétribuées ; car elles leur donnent à peine de quoi vivre , et très simplement. Mais les pauvres aussi sont contribuables ; ils sont soumis à l'impôt donc les places à gros traitemens , aggravent nécessairement leur position , sans aucune compensation pour eux , puisqu'ils ne les occupent jamais.

Il est aisé de voir maintenant que tout ce que nous avions dit du principe révolutionnaire , doit se dire également de la bureaucratie, sortie de ce principe ; que les économies sont impossibles avec l'un ou l'autre ; qu'on ne peut se passer d'une armée très nombreuse , avec le principe révolutionnaire , soit pour se tenir en mesure vis-à-vis de l'étranger , soit pour maintenir la tranquillité intérieure toujours menacée par l'esprit d'insurrection ; que c'est donc à l'un et à l'autre que l'on doit l'augmentation excessive de toutes les dépenses, et le budget devenu , par là , monstrueux.

—

3° La tyrannie du capital ou l'intérêt excessif du capital , comparé à celui de la terre.

Si les deux causes dont nous venons de parler ont entr'elles une si étroite liaison ; si elles découlent du même principe , on peut dire que la troisième , la tyrannie du capital ou l'intérêt excessif du capital, très supérieur au revenu de la terre , ne leur est pas absolument étranger.

On peut assurer , en effet, que, sans le principe révolutionnaire, l'intérêt aurait été réduit, qu'il ne serait pas de plus de 4 p. %

Le gouvernement , sous la Restauration , avait lui-même proposé la conversion des rentes ; or, le résultat de cette conversion eût été la réduction de l'intérêt , au moins , à 4 p. %.

Cette réduction, qui eût été si avantageuse, avorta, le projet ayant été repoussé par la chambre des Pairs.

Depuis , la chambre des députés a essayé plusieurs fois , sous Louis-Philippe , de reprendre la même proposition ; mais le gouvernement, en présence des difficultés qu'il voyait devant lui, et qui résultaient de la fausse position où il se trouvait, n'a jamais osé l'adopter. Il a toujours reculé devant les périls auxquels elle pouvait l'exposer.

Et, peut-être aussi que ceux qui étaient au pouvoir, étant presque tous capitalistes et très intéressés eux-mêmes, étaient bien aise de maintenir l'intérêt à un taux très élevé.

Il était bien digne, en effet, d'un principe qui a fait tant de mal, de maintenir celui de la tyrannie du capital.

On se représenterait difficilement combien cette tyrannie a été funeste : pour la concevoir telle qu'elle est, on n'a qu'à se représenter la situation déplorable de la propriété, de l'agriculture, accablée par les charges excessives qui pèsent sur elles, écrasée d'impôts, grevée d'hypothèques, et encore tyrannisée par les cruelles exigences du capital.

Rien n'est, en effet, plus funeste que cette tyrannie ; rien n'est une cause plus féconde, plus incessante de détresse, de misère générale. De là vient la ruine d'un grand nombre de familles de l'agriculture ; c'est le ver rongeur de la société ; c'est la plaie qui la dévore; ce qui entretient et fomente tous les fermens de désordre et de dissolution, qui la menacent de la plus effrayante catastrophe.

Si je parle ainsi de la tyrannie du capital, qu'on ne s'imagine pas que j'exagère, que ce soit un tableau de fantaisie que je fais ici. Non. Je ne dis que la vérité. Les termes s'affaiblissent, on ne saurait rien concevoir de plus désastreux.

J'aurais à dire mille choses à ce sujet ; je me contente d'une seule.

Je le demande : est-il rien de plus affligeant que cette tyrannie du capital, au moyen de laquelle le riche, précisément parce qu'il est riche, peut très-facilement s'enrichir lui-même d'avantage, en ajoutant à ses domaines les dépouilles du pauvre, et le plonger, après lui avoir enlevé son dernier avoir, à la plus horrible détresse ?

Eh bien ! c'est ce que peut faire le capitaliste. La preuve est très-facile.

Quel est le propriétaire riche qui possède des capitaux, qui est en état de les placer ? Sans doute, celui qui a plus de revenu qu'il ne lui en faut, qui en a plus qu'il ne peut en consommer. C'est l'excédant des revenus sur les dépenses, ce sont les réserves qu'il est en état de faire et qui deviennent ainsi des capitaux disponibles, et qu'il est en état de placer.

Et quel est, au contraire, le propriétaire qui emprunte? Sans doute encore celui qui, bien loin d'avoir trop de revenu, n'a point même celui qui lui est nécessaire ; car, il n'eût pas emprunté sans cela.

Mais, que lui arrive-t-il après avoir emprunté ? Il est obligé de payer 5 d'intérêt, et son bien ne lui donne pas souvent plus de 3 ;

mais, puisque l'intérêt qu'il lui faut payer est plus élevé que le revenu qu'il retire lui-même de la terre, il est évident qu'après avoir payé l'intérêt, son déficit sera encore plus grand qu'il n'était auparavant. Donc, il se verra encore obligé de recourir à un nouvel emprunt, qui aura nécessairement pour lui le même résultat que le premier, qui élargira encore davantage son déficit. Ainsi, il lui arrivera nécessairement, inévitablement, que, tombant continuellement de déficit en plus grand déficit, tout son bien, tout son avoir aura été entièrement absorbé, dévoré, qu'il aura passé rapidement dans les mains du riche propriétaire capitaliste, qui l'aura ainsi réduit à la dernière détresse.

Et pourquoi, je le demande encore, pourquoi le riche s'est-il ainsi enrichi des dépouilles du pauvre? Pourquoi le faible patrimoine de celui-ci lui a-t-il été enlevé? Pourquoi ce faible patrimoine est-il venu si rapidement grossir encore les vastes domaines du riche? Évidemment, parce que l'intérêt du capital était plus élevé que celui du revenu que le pauvre retirait lui-même de la terre. Et, en effet, l'intérêt est nécessairement ruineux pour le propriétaire, s'il est plus élevé que celui du bien; donc, il est juste, il est nécessaire qu'il ne le soit pas davantage.

Mais, avant de continuer, nous croyons qu'il est nécessaire d'avertir expressément que, si un intérêt excessif est préjudiciable, souvent ruineux, et que sous ce rapport, on ne puisse le justifier; si nous croyons devoir l'attaquer, nous sommes, néanmoins, très éloignés de vouloir aussi attaquer le prêteur, et de lui adresser aucun reproche.

Nous pensons, au contraire, que l'intérêt, en soi, étant trop élevé; le prêteur a été souvent très-bienveillant à l'égard du débiteur, qu'il lui a rendu de vrais services, s'est acquis le droit le plus légitime à sa reconnaissance, en se prêtant à sa position et lui accordant de longs délais, quand ils lui ont été nécessaires, même pour le paiement des intérêts.

Ce serait donc une grande erreur si l'on s'imaginait que nous avions la pensée de soulever le moindre mécontentement contre le capitaliste. Nous désavouons formellement une si mauvaise intention, toute doctrine, toute tendance subversive, socialiste, ne nous proposant que de nous conformer aux lois de l'équité, et professant le plus grand respect pour la propriété.

Maintenant, nous croyons pouvoir dire, en sauvegardant toujours les bonnes intentions, la loyauté du prêteur, qu'un intérêt excessif et nécessairement ruineux, peut être très injuste, bien qu'il soit quelquefois légal.

Ainsi, on a vu la loi autoriser l'intérêt le plus élevé, pourvu qu'il eut été convenu par les parties. Elle autorisait donc, l'intérêt de 10, 15, 20, 30 et 50 p. %. Cet intérêt était légal, mais évidemment si injuste que pas un seul homme d'honneur et de probité ne se fut permis, alors, de l'exiger.

2

Nous ne voulons pas dire qu'il en serait de même de l'intérêt légal de 5 p. %. Nous disons seulement que, si cet intérêt est excessif et ruineux, bien qu'il soit légal, on ne pourrait le justifier ; il serait injuste, et néanmoins nous ne disons pas que le prêteur l'ait été lui-même, l'injustice ayant été infiniment éloignée de sa pensée.

Et, d'ailleurs, il faut le reconnaître, l'injustice de l'intérêt excessif est bien plutôt dans la coutume, dans la loi qui l'autorise, que dans la volonté de commettre une injustice, volonté qui n'existe pas.

Et, en effet, cette élévation de l'intérêt, si supérieure au revenu du bien, s'est opérée successivement par le changement de diverses circonstances, par celui du prix des denrées et de la terre, en telle sorte que la proportion, entre le revenu du bien et du capital, n'a plus été la même, et cela étant arrivé insensiblement et de soi-même, il est très probable que, d'abord, on ne s'en soit pas aperçu.

Aussi, je ne doute pas qu'il ne fut très injuste de supposer, dans la plus part des capitalistes, une grande opposition à la réduction de l'intérêt.

Et même, je dois à plusieurs la justice de reconnaître qu'ils ont témoigné que cette réduction leur paraissait juste, raisonnable.

Je pourrais dire aussi, qu'un intérêt trop élevé, étant nécessairement ruineux, et réduisant quelquefois le débiteur à l'insolvabilité, il serait ordinairement plus avantageux au créancier, qu'une réduction convenable lui assurât aussi beaucoup plus d'exactitude dans le paiement.

Mais, qui pourrait s'opposer à cette réduction, lorsqu'elle est demandée, réclamée par de si graves, de si puissants, de si justes intérêts ?

Non, les circonstances ne sont plus les mêmes qu'elles étaient autrefois. Les denrées sont à bien plus bas prix : la propriété au contraire a acquis une grande supériorité de valeur. Donc, le revenu a dû diminuer dans la même proportion que le bas prix des denrées, et l'élévation de celui de la terre. Donc aussi, la juste proportion qui existait entre l'intérêt du capital et le revenu de la terre, a cessé d'exister.

Ainsi, réduire l'intérêt du capital n'est autre chose que rétablir l'ancienne proportion qui existait autrefois entre l'intérêt du capital et le revenu.

Il est impossible de le nier : l'intérêt est trop élevé. Vouloir le maintenir à 5 lorsque la terre ne donne souvent que 3, ce serait dire : nous ne voulons pas que le pauvre puisse conserver le peu de bien qu'il a acquis à force de travaux, de sueurs, de privations, d'économies. Il est pauvre, nous voulons qu'il le devienne encore davantage ; nous voulons que celui qui a abondamment du superflu puisse très facilement lui enlever ce petit bien qui lui a coûté si cher ; nous voulons qu'il puisse l'ajouter à ses domaines et le réduire à la plus grande misère.

Ce n'est pas de nos jours seulement qu'on a parlé de la tyrannie du capital. Dans tous les temps on a eu à se plaindre de l'élévation excessive de l'intérêt. L'usure a toujours exercé dans la société de cruels ravages, et a plongé une infinité de personnes à la misère.

Le mal quelquefois, à Rome, était devenu si grand que les débiteurs, entièrement ruinés étaient dans l'impuissance de payer ; on était obligé d'abolir les dettes.

Demander que le capital produise intérêt, de même que la propriété immobilière donne des revenus , rien de plus juste. Mais il est juste aussi qu'il ne dépasse point certaines limites. Il le faut tel qu'il soit également avantageux et à celui qui prête et à celui qui emprunte , qu'en assurant à l'un des avantages suffisans, il ne soit pas ruineux pour l'autre.

Cette condition demande que l'intérêt soit à peu près égal au revenu de la propriété.

La propriété donne à peine 3 à 4 pour cent de revenu. M. Thiers ne l'élève pas à 3. Comment donc serait-il juste que le capitaliste retirât 5 lui même.

En le fixant à 4 au lieu de 5, le capitaliste serait donc très avantageusement favorisé.

Demander cette réduction, ce n'est certes pas se rapprocher de ces utopistes qui, de nos jours, ont professé à ce sujet des doctrines étranges. Ce n'est pas dire comme eux que le capital ne doit produire aucun intérêt.

Nous ne voulons pas de système extravagant ou insensé. Nous ne demandons que la justice Nos doctrines ne sont donc pas celles de M. Proudhon et de son école.

Mais nous voudrions bien que l'on y songeât sérieusement: le droit, l'équité, la justice seront toujours le soutien, la conservation des états, des sociétés, des familles ; et au contraire l'égoïsme, la cupidité, l'injustice seront toujours une cause incessante de dissolution, de ruine. Si nous parlons donc ici pour la réduction de l'intérêt, nous ne nous proposons que de plaider en faveur de la justice. Tout notre dessein c'est de la faire prévaloir, de faire comprendre que c'est la seule voie qui puisse nous sauver à tous.

La société est en péril ; qui en doute ? Il ne se fait plus d'affaires; la confiance est perdue, la crise n'est que trop certaine ; quel en sera le dénouement ? personne ne le sait.

Le seul moyen de rétablir la sécurité, la confiance, ce serait la pratique des principes de justice et d'équité.

Ce serait que tous voulussent bien comprendre la nécessité de s'inspirer, dans l'intérêt même matériel des sociétés et des familles, de la morale puisée dans les maximes du christianisme.

Les riches comprendraient alors sans peine qu'en prêtant leurs capitaux, les services qu'ils rendent doivent, comme tous les autres services, par leur nature même, être essentiellement gratuits.

Qu'ainsi, il ne leur est permis d'exiger qu'un intérêt égal au dommage qui résulte pour eux de la privation de ces capitaux.

Et les pauvres aussi, au lieu de nourrir des sentimens, toujours très- répréhensibles, d'aigreur et d'irritation contre les riches, ne se permettraient jamais que des réclamations justes et licites. Ils ne demanderaient que l'observation, la pratique des lois de l'équité. Ils seraient écoutés, et l'harmonie de toutes les classes de la société ramenant le travail, les affaires, s'il n'en résultait pas de l'aisance le mal du moins serait diminué.

Les raisons que nous avons exposées sont plus que suffisantes sans doute pour établir la nécessité de réduire l'intérêt. Mais pour mieux faire comprendre toute l'injustice d'un intérêt excessif, il n'est pas inutile de revenir encore sur une considération que nous n'avons fait qu'indiquer.

Nous avons déjà dit que les capitaux, placés par un propriétaire, représentaient son superflu, qu'ils étaient l'excédant de ses revenus au-delà des dépenses qui lui étaient nécessaires.

Mais, voyons l'usage qu'il peut faire de ces capitaux, qui ne proviennent que du superflu de sa fortune.

Il a à sa disposition deux moyens de les faire valoir :

L'un, c'est d'augmenter sa propriété ;

L'autre, de les placer en rente.

S'il fait, en terre, de nouvelles acquisitions, il sera soumis à une augmentation d'impôts ; car la terre est toujours grevée de l'impôt, et elle ne lui donnera le plus souvent que 3 p. $^{0}/_{0}$ de revenu.

Si, au contraire, il place en rentes ce capital, il ne sera soumis à aucun impôt ; il aura encore moins de soins, de travail, d'embarras, point exposé à perdre la récolte par mille accidens qui la détruisent, et au lieu de n'en retirer que 3 p. $^{0}/_{0}$ comme du bien, il en retire 5, 2 de plus et sans payer d'impôt.

C'est donc ce capital, qui représente précisément le superflu, qui est exempt de toute charge, de tout impôt, et produira, placé en rente, 2 p. $^{0}/_{0}$ de plus que la propriété nécessaire à ce propriétaire ne lui en donne en effet.

Ainsi, la partie de la fortune qui lui est nécessaire, et seule soumise à l'impôt, ne donne que 3 p. $^{0}/_{0}$ de revenu, et la partie qui ne lui est pas nécessaire, qui constitue son superflu, lui donne 5 p. $_{0}$l^{0}, 2 p. $^{0}/_{0}$ de plus que celle qui lui est nécessaire.

L'impôt progressif aurait été une augmentation d'impôt perçu sur le superflu. Mais ici, c'est au contraire le superflu qui est exempt non seulement de tout impôt, mais qui produit beaucoup plus que la propriété. On pourrait dire que c'est le système entièrement opposé à l'impôt progressif.

Je ne sais si l'on peut concevoir rien de plus injuste, de plus contraire à la raison.

Si l'intérêt du capital est bien plus élevé que le revenu de la terre, qu'arrive-t-il? Ce que l'on voit maintenant très fréquemment.

Le propriétaire vend son bien, à condition qu'une partie lui sera payée comptant, et en accordant de longues années pour le paiement du reste.

Il se garantit ainsi de toute chance de perte. Car s'il n'était point payé, il reprendrait son bien, et la somme qu'il aurait déjà reçue servirait à le couvrir de la différence qu'une seconde vente, d'un prix inférieur à la première, pourrait présenter.

Cependant, après avoir vendu ce bien, il retire 5 pour cent d'intérêt, sans payer d'impôt, tandis qu'auparavant il n'en retirait peut être pas 3.

Ainsi, il augmente considérablement son revenu, et sans péril de le perdre par les intempéries; en même temps qu'il s'affranchit de de tous les soins, de la sollicitude qu'exige l'administration du bien; il peut vaquer à d'autres occupations, se livrer à d'autres industries dont il pourra retirer de grands bénéfices.

Et l'acquéreur, au contraire, obligé de donner tout son temps, tout son travail pour faire valoir le bien, exposé aux accidens qui souvent détruisent la récolte, aura de la peine à en retirer 3 ou 4. Il perdra son travail, et il n'en retirera pas l'intérêt qu'il est obligé de payer.

Ainsi, le repos serait un moyen très facile, infaillible pour augmenter considérablement son revenu, accroître rapidement sa fortune. L'entier abandon de l'agriculture serait, pour le propriétaire, un moyen assuré de prospérité.

Le travail, au contraire, le plus pénible travail appliqué à l'griculture serait une cause de ruine, de misère pour l'acquéreur.

Et cependant, si l'agriculture est la source d'où doivent découler la prospérité, tous les biens, que doit-il arriver d'un système qui ne peut que l'anéantir ?

M. Thiers a dit encore à ce sujet, dans son lumineux rapport sur l'émission du papier-monnaie, des vérités très remarquables.

Il a reconnu d'abord que l'agriculture était la base, le fondement de l'industrie et du commerce ; qu'il fallait donc premièrement s'occuper de faire fleurir l'agriculture ; qu'elle avait fait de grands progrès depuis vingt ans surtout, et que si elle était néanmoins en France plus arriérée qu'en Angleterre, les seules causes étaient, d'un côté, les charges écrasantes de l'impôt excessif qui pesait sur la propriété, tandis qu'en Angleterre elle n'était soumise à aucun impôt direct, et de l'autre, le taux trop élevé de l'intérêt, qui ne lui permettait pas de s'aider de capitaux donnés de préférence à l'industrie et au commerce, plus lucratifs.

Il a observé qu'en Allemagne, il n'en était pas ainsi : l'industrie étant moins répandue, l'agriculture trouvait facilement des capitaux à 3 ou 4 pour cent d'intérêt.

Il a reconnu qu'il serait infiniment avantageux qu'il en fût de méme en France ; que rien ne serait plus utile que de venir en aide à la petite propriété ; que l'intérêt pour elle était toujours trop élevé , et si bas qu'il puisse être , il ne l'est jamais assez.

M. Thiers ne poursuit pas son raisonnement : après avoir indiqué le mal , il ne parle point du remède. Qu'il me soit donc permis de continuer où il s'est arrêté lui-même ; je ne ferai que déduire les conséquences nécessaires , rigoureuses de ses assertions.

Puisque M. Thiers reconnaît combien la petite propriété est intéressante pour l'agriculture , la société ; combien il serait juste, avantageux que l'on vint à son aide , et que pour elle on devrait trouver facilement des capitaux à de faibles intérêts ; il est incontestable que la réduction de l'intérêt à 4 lui serait infiniment avantageux , que ce serait le plus grand bien qu'on pourrait lui faire.

Au reste, qu'on ne s'y trompe pas : inutilement on voudrait s'obstiner à maintenir la situation dans des élémens qui ne sont pas naturels, qui ne sont pas eux-mêmes en harmonie avec cette juste, sage et convenable proportion que les choses doivent garder entr'elles. Si l'industrie , le commerce ont pris un essor démesuré ; s'ils se sont développés avec une prodigieuse extension, dont l'agriculture dût nécessairement en souffrir , parce que tous les avantages étant réservés au commerce et à l'industrie , l'agriculture , par contre-coup , aura due être délaissée , il doit arriver de là infailliblement un état de crise où, l'excès de concurrence paralysant toutes les affaires , et où l'agriculture cessant elle-même de fonctionner, tout le reste qu'elle soutient , et qui , sans elle, ne peut exister, doit souffrir aussi , et s'arrêter comme elle.

Et n'est-ce point cela aussi qui a produit en grande partie le mal de la situation ? On se plaint partout de l'excès de concurrence ; que le travail s'est arrêté dans les diverses professions ; mais, n'est-ce pas parce que la population, attirée par les plus grands bénéfices de l'industrie et du commerce , a abandonné avec excès les campagnes pour se retirer dans les villes ?

Le premier de tous les soins devrait donc être d'aider l'agriculture, de la faire marcher ; si elle fleurit, l'industrie et le commerce seront eux-mêmes bientôt dans un état prospère.

Tous les agriculteurs indistinctement ont reconnu combien la trop grande élévation de l'intérêt était funeste, désastreuse, à l'agriculture.

Tous disent néanmoins que des capitaux lui seraient indispensables, qu'elle ne peut fleurir sans cela ; mais , ils reconnaissent qu'elle ne pourrait en payer les intérêts trop élevés pour elle ; qu'ils seraient ruineux si elle avait recours à ce moyen.

Et leur conclusion , c'est qu'elle doit s'en passer. C'est dire qu'il faut qu'elle se résigne à rester dans la misère.

Voilà , en définitive, où se résument les conseils de MM. Dezeimeries, Martinelli , etc., qui, reconnaissant, comme tous les autres, la nécessité d'avoir des capitaux en agriculture, disent néanmoins qu'il serait très dangereux d'en emprunter.

Il me semble qu'il serait bien facile d'aboutir à une autre conclusion ; et celle-ci serait bien plus consolente, et surtout infiniment plus avantageuse.

La réduction de l'intérêt est le seul moyen de conserver la petite propriété, de l'empêcher de périr.

Et peut-être n'est-il pas inutile d'observer que cette réduction de l'intérêt, étant générale, ne serait pas moins favorable à la petite industrie qu'à la petite propriété.

La refuser, c'est vouloir détruire la petite propriété au profit de la grande ; c'est la livrer à celle-ci ; c'est la vouloir maintenir dans une situation telle qu'elle soit, nécessairement envahie par elle et très rapidement, et on peut ajouter encore c'est tuer l'agriculture.

Qui peut le vouloir ? Personne.

On serait étonné peut-être si nous terminions cet article sans rien dire de l'impôt sur le capital, si ce n'est que nous avons déjà remarqué qu'il n'existait pas.

Cette circonstance que le capital ne payait point d'impôt, nous a paru un motif de plus pour la réduction de l'intérêt.

Mais, de là, il ne s'en suit pas que nous soyons très indifférents sur une question qui nous paraît, au contraire, trop importante pour négliger d'en dire quelques mots, bien qu'elle ne se rapporte à notre sujet que d'une manière assez indirecte.

La fortune pouvant exister soit en capital, soit en propriété, et chacun devant payer l'impôt en proportion de sa fortune, la conséquence de ce principe serait sans doute que le capital devrait être soumis au même impôt que la même fortune en propriété.

Cette question a été débattue dans l'Assemblée Nationale, et a été décidée négativement pour l'impôt.

Cependant, je n'ai point compris que les adversaires de l'impôt aient fondé leur opinion sur son injustice, mais seulement sur les grandes difficultés de le percevoir ; quelques-uns ont même soutenu qu'il serait préjudiciable, funeste à l'agriculture, à la propriété.

Mais c'est déjà beaucoup sans doute que tous soient obligés de reconnaître, que s'il ne présentait pas des difficultés ; s'il n'en résultait pas de grands inconvénients, il serait au fond très juste en soi.

La question alors se réduit à trouver un moyen de le rendre praticable.

Déjà, il a paru des écrits qui ont traité cette question si importante, et qui l'ont résolue dans le sens qu'il était très possible, et qu'il n'en résulterait aucun des inconvénients que l'on redoutait.

On peut voir entr'autres à ce sujet une brochure intitulée : *Quelques Méditations politiques d'*Adrien Sariac *(du Gers) sur les souffrances du peuple, et les seuls moyens propres à les soulager* (1).

Nous nous bornerons à dire que la répartition la plus équitable de

---

(1) Se trouve à Condom, chez *Dupouy*, imprimeur, prix : 30 cent.

l'impôt selon la fortune des contribuables, qu'elle existe en propriété ou en capitaux, est entièrement conforme à la justice, et serait
pour tous un véritable soulagement.

Concluons : tous indistinctement ont donc reconnu la cause du
mal ; tous mettent la main sur la plaie, et néanmoins, il faut bien
le dire, lorsqu'il serait si facile d'indiquer le remède, personne n'en
parle. Il semble que tous ces hommes, d'ailleurs si éminents, at-
tendent que ce soit le malade lui-même, c'est-à dire le peuple, qui
le demande, qui le réclame, qui le sollicite vivement de ceux qui
peuvent si facilement, mais qui seuls aussi peuvent le lui donner.

Mais, jusqu'à présent on n'y a pas songé, et certes il ne faut
pas se n'étonner. C'était le système de la bureaucratie et du privilège
qui dominait ; ce système qui ne consistait qu'à enrichir les hommes
en place, à les faire briller dans l'opulence, aux dépens du peuple.
Les capitaux étaient dans leurs mains. Comment donc, étant intéressés, se seraient-ils décidés à diminuer l'intérêt du capital ?

La Providence a pris en pitié le pauvre peuple ; elle lui a accordé
le suffrage universel. Il ne tient donc qu'à lui maintenant d'obtenir
la justice que des hommes consciencieux, de probité, lui auraient
accordée.

Qu'a-t-il à faire dans ses propres intérêts, et pour obtenir cette
juste réduction ? User avec sagesse, avec intelligence, ainsi qu'il
doit le faire, du suffrage universel.

Nous en donnerons le moyen dans l'article suivant :

—

4.° *Moyen de remédier au mal de la situation, d'en sortir.*

Tout le monde connaît ce vieil adage : *Contraria contrariis cu-
rantur.* Les contraires se guérissent par leurs contraires.

Je ne sais si leur application serait en tout de la plus exacte vérité. Mais ici il indique parfaitement ce qu'il y aurait à faire pour
remédier à notre mauvaise situation, pour l'améliorer.

La France ne peut être sauvée que par des moyens contraires à
ceux qui l'ont perdue.

Ce qui l'a perdue, c'est l'ambition, l'égoïsme, les passions basses,
cupides, intéressées, l'intérêt général toujours sacrifié à l'intérêt par-
ticulier.

Ce qui la sauvera, c'est l'abnégation de soi, le patriotisme, le désintéressement, les sentimens nobles et élevés, l'intérêt propre sacrifié à l'intérêt général.

Ce qui a perdu la France, c'est un pouvoir qui cherchait à se
conserver par la corruption, en pratiquant tous les genres de séduc-
tions par l'appât de la convoitise, par les récompenses, les emplois
lucratifs, toutes les faveurs, et par là démoralisant la France.

Ce qui la sauvera, c'est un gouvernement juste et sage qui appellera à son aide, ou plutôt à l'aide de l'état, la vertu de tous les bons citoyens, qui s'adressera à leur patriotisme, à leur dévouement, demandera les services gratuits, s'ils peuvent se passer de toute rétribution, et, dans tous les cas, de se contenter de ce qui serait absolument indispensable.

Ce qui a perdu la France, c'est d'avoir été sacrifiée à une classe privilégiée, dans laquelle se recrutait la bureaucratie, laquelle bureaucratie on a voulu enrichir à ses dépens.

Elle sera sauvée lorsque l'on comprendra que la France n'est pas pour la bureaucratie, mais la bureaucratie pour la France; qu'elle doit donc être préférée à la bureaucratie, et que celle-ci ne doit être conservée que pour le bien, dans les intérêts de la France.

Ce qui l'a encore perdue, c'est de l'avoir obligée à faire briller dans l'opulence une multitude de personnes occupées, non à un travail productif, mais uniquement à vider de mille façons différentes les poches des contribuables, en prélevant les droits le plus vexatoires, les plus odieux, sur les boissons, en diminuant ainsi leur consommation et empêchant leur vente.

Elle ne sera sauvée qu'en ménageant les contribuables, en protégeant l'agriculture, lorsque ceux qui n'ont pas du travail productif ne vivront plus à ses dépens.

Mais je ne finirais point si je voulais énumérer tout ce qui a perdu la France; je ne parlerai donc plus que d'une seule cause, mais qui, à elle seule, renferme et résume peut-être toutes les autres.

Cette cause, ce sont les prodigalités, les grosses dépenses, le budget devenu par là monstrueux.

Et maintenant la France ne peut être sauvée que par les économies, qui permettent de réduire le budget, de le ramener au niveau de la recette, elle-même proportionnée aux ressources de la France.

Cette réduction ou la banqueroute sont évidemment inévitables, il faut nécesairement choisir l'une ou l'autre.

Depuis 1830, les dépenses ont toujours été très supérieures aux recettes, toujours il y a eu déficit, et de plus fort en plus fort. Il a donc fallu constamment, pour le combler, recourir à de nouveaux emprunts. Celui de 1847 a été de deux cent cinquante millions.

En 1848, la recette, malgré l'impôt de 45 centimes, a été beaucoup moindre que les années précédentes; on a dit que le déficit serait de 600 millions, mais ne serait-il que de 400 millions, il prouverait encore que les économies sont l'unique moyen d'échapper à une catastrophe.

Tout le monde le voit, en est convaincu. Il n'est certes pas nécessaire d'être très instruit, ni habile financier pour le comprendre clairement. Le bon sens du peuple l'éclaire sur ce point infiniment mieux que tout l'esprit, tout le talent, toutes les connaissances si vastes et si variées qui peuvent se trouver logées dans la tête des 900 honorables représentans (voire même l'illustre et spirituel M. Cormenin, bien compris et compté avec les autres), qui ont été nommés par la France, comme les plus habiles, les plus éclairés, et devant être aussi, sans contedit, les plus capables pour mieux comprendre ses affaires, sa vraie situation et les mieux administrer.

Je demande bien pardon à tous ces honorables 900 représentens, sans en excepter un seul, d'avoir fait une comparaison que peut-être ils ne trouveront pas flatteuse pour leur amour-propre. J'en ai au fond bien du regret; car, j'aurais desiré très sincèrement n'avoir pas été dans la nécessité de la faire, qu'ils n'eussent point fait eux-mêmes ce qu'il est maintenant nécessaire de dire à la France; car il faut pourtant, s'il est possible, la sauver.

Que nos 900 honorables veuillent donc bien me le pardonner; mais il n'est que trop vrai que ce bon peuple de France, qui se compose d'une multitude immense d'hommes de toute profession, presque tous illétrés, à connaissances très bornées, un grand nombre même ne sachant pas lire, ouvriers des villes et des campagnes, occupés d'industrie ou travaillant la terre, inspirés par leur bon sens, comprennent bien clairement ce qui ne parait pas l'avoir été par nos représentans et qu'ils eussent surtout beaucoup mieux fait que leurs délégués avec leurs têtes si bien garnies, si bien meublées.

En disant ceci je n'ai certes nulle intention d'essayer le pamphlet. Je sais trop que j'en suis incapable. Si j'étais Timon, à la bonne heure! Je pense bien qu'il trouverait ici, lui, une très belle matière, et la travaillant, comme chacun sait qu'il sait si bien le faire, il est très probable qu'il en sortirait des pointes bien aiguës, bien acérées, pénétrant dans le vif, propres enfin à réveiller nos honorables de leur sommeil léthargique, lorsqu'il s'agit de leur faire un peu compren-dre que si leurs 25 fr. par jour les mettent dans une situation qu'ils verraient sans peine se prolonger longtemps, celle de la France est toujours très misérable; qu'ils ne sont pourtant payés par elle que pour la lui faire meilleure, et qu'elle ne peut s'améliorer que par la diminution des charges, des impôts qui sont écrasans, par conséquent par des économies.

Je dis donc, je répète, que tout le monde comprend la nécessité des économies, si ce n'est peut-être les hommes de la bureaucratie qui profitent des dépenses.

Serait-il nécessaire de démontrer ce que tous voient aussi clairement que le soleil en plein midi?

Oui, puisqu'il plaît à nos honorables de ne pas en convenir, prouvons donc.

Après une expérience de 18 années d'un budget toujours voté en déficit, au milieu des difficultés, des embarras de la situation la plus désastreuse, de la stagnation complète de toutes les affaires, de la diminution par suite de tous les impôts indirects, de la recette en 1848, malgré l'impôt de 45 centimes infiniment moindre que les années précédentes, du déficit que l'on évalue de 400 à 600 millions,

est-il croyable que ce soit en présence de toutes ces circonstances
que l'on ait augmenté le budget des dépenses de 300 millions?

Évidemment, c'est courir, voler à la banqueroute, s'y précipiter.

Vous aurez cette année un déficit de 4 à 600 millions, donc il
vous faudra emprunter ; mais vous ne pouvez le faire qu'aux conditions les plus onéreuses ; vous augmenterez donc encore considérablement l'intérêt de la dette , donc l'année prochaine, vous aurez
encore moins de revenu. La confiance étant détruite, les affaires ne
peuvent qu'aller plus mal , mais elles ne peuvent se rétablir ; donc,
sous se rapport encore vous aurez très peu de revenu. Donc, si
vous faites les mêmes dépenses, vous aurez encore un plus grand déficit. Donc , nécessité d'un nouvel emprunt qui augmentera l'intérêt,
et diminuera le revenu. Mais bientôt, par cette voie, le revenu sera
réduit à zéro, entièrement absorbé par l'intérêt de la dette.

Ainsi alors , mais bien longtemps auparavant, impuissance de
payer, banqueroute.

Le seul moyen de l'éviter encore une fois , ce sont donc les économies.

Nous avons déjà parlé du moyen de les faire , nous l'avons indiqué , et ce moyen , nous le disons maintenant , il est très facile, il
ne faut que vouloir le pratiquer.

Nous le savons , l'égoïsme et la démoralisation sont grands , sans
doute , et ils ont fait d'immenses progrès. Nous avons foi néanmoins
dans le patriotisme d'un grand nombre de citoyens estimables. Nous
avons foi à leur vertu , à leur dévouement. Nous ne doutons pas
que , voyant la situation désastreuse de la France , la nécessité où
elle est d'accepter leurs services, et le dénuement de ses finances, ils
ne soient très disposés à les lui accorder , autant qu'ils pourront le
faire gratuitement.

Eh bien , nous n'en doutons pas , le nombre est grand, très grand,
de ceux qui sont ainsi disposés à lui continuer leurs services , dans
l'exercice de leurs fonctions , gratuitement , sans en retirer ni rétribution , ni récompense , qui n'en voudront pas d'autre que la satis-
faction d'avoir été utiles à la France , d'être venus à son aide , d'a-
voir répondu à l'appel de la patrie.

Il y a une infinité de magistrats qui ont de la fortune , qui en ont
assez pour vivre de leurs revenus, très honorablement , sans le se-
cours de leurs traitemens. Ne serions-nous pas , à leur égard , très
injuste, si nous avions d'eux cette pensée, qu'avides et intéressés, ils
seraient sourds à la voix de la patrie ; ils refuseraient de l'écouter ,
lorsqu'elle les prie , qu'elle les conjure de lui continuer leurs services ; qu'elle est maintenant dans l'impossibilité de payer , lorsqu'elle
fait appel à leur dévouement ?

Nous le disons bien sincèrement : oui , nous croyons que les magistrats qui se trouvent dans cette catégorie, ont trop de patriotisme
pour ne pas tenir beaucoup plus à se rendre utiles à l'État dans l'exercice de leurs fonctions honorables, qu'à leur propre intérêt ; mais

surtout lorsque ces fonctions n'auraient jamais été pour eux aussi honorables que dans cette circonstance.

Ce que nous avons dit des magistrats, nous devons le dire également de tous les fonctionnaires, employés dans les diverses fonctions administratives qui auraient assez de fortune pour se passer d'émolumens. Sans doute que nous ne pouvons entendre, s'il y a dans ces fonctions des dépenses à faire, qu'elles soient supportées par eux. Ces dépenses doivent toujours être supportées par l'Etat comme les frais de bureau.

A l'égard des fonctionaires qui n'ont pas assez de fortune pour se passer d'émolument, nous croyons encore qn'ils voudront se contenter de celui qui leur serait absolument nécessaire.

Mais ce nécessaire doit être naturellement borné, restreint aux seules dépenses indispensables. Lorsque dans toutes les professions, dans toutes les classes, il y a tant de personnes qui ont à peine de quoi vivre, qui se contentent de très peu, qui se soumettent à de dures privations, lorsque des propriétaires qui étaient dans l'abondance n'ont plus maintenant assez de revenu ; les fonctionnaires devraient se contenter aussi d'uu traitement très minime. Nous pensons que celui de 1,000 à 1,2000 fr. serait suffisant, qu'il ne faudrait pas en donner davantage.

Au reste, il serait très facile de réduire à ce taux tous les traitemens, à l'égard des fonctionnaires même qui ne voudraient pas y renoncer. Tous les emplois, toutes les places ne sont que trop recherchées, et malheureusement, c'est une des principales causes des révolutions. Si ceux qui les occupent ne veulent pas, à ces conditions les conserver, il ne serait pas difficile assurément de les remplacer par d'autres qui s'en contenteraient. Elles sont assez demandées. Elles seraient donc alors données ou au concours, ou par le gouvernement, qui choisirait parmi les aspirans qui se seraient eux-mêmes présentés.

Nous devons observer encore que le traitement de 1000 ou 1200 fr. serait adopté pour les petites villes jusqu'à 5 à 6,000 âmes. Les dépenses étant plus considérables dans les villes qui ont plus d'importance, il faudrait aussi que le traitement fût augmenté dans une proportion convenable, et de manière pourtant qu'il ne dépassât jamais 2,000 à 2,400 fr., si ce n'est peut-être à Paris, où il pourrait être un peu plus élevé.

Je n'ignore pas les objections que l'on pourra opposer à ce projet. On dira, sans doute, qu'est-ce qu'un si faible traitement pour récompenser, selon son mérite, un homme de talent? Il ne se contentera jamais d'un emploi si faiblement rétribué.

Je dirai qu'on n'a point, non plus, la pensée que le traitement soit en rapport avec le mérite de celui qui occupe l'emploi. Les ressources de l'Etat ne le permettent pas. Il faut se résoudre à la loi de la nécessité; il faut la subir. Ce sont des sacrifices que l'Etat demande ; chacun doit les lui accorder selon sa position et la mesure de ses facultés, à des temps meilleurs, conditions différentes.

Cependant , je demanderai s'il est donc nécessaire que la fortune soit toujours en rapport du mérite ; si, parce qu'on a du mérite, on est aussi nécessairement plus intéressé, plus avide, on a en effet moins de vertu. Mais , alors , je demanderai encore, qu'est-ce donc que le mérite ? Faut-il le séparer de la vertu ?

Et non sans doute : mais, alors , les hommes d'un vrai mérite seront aussi des hommes de vertu ; ils seront accessibles aussi à des sentiments nobles et élevés ; ils ne se dispenseront donc pas de consacrer leurs talents au service de l'Etat , parce que l'Etat, pauvre lui-même, n'aura pas assez de fortune pour les enrichir ; ils ne seront pas pour cela moins estimés ; car ils seront infiniment plus honorables.

Mais, je ne puis réellement comprendre comment on persiste à conserver des traitements , et peut-être même dans l'Université , de 10, 12 et 16,000 fr. Il est évident que ce n'est que pour donner une position brillante , la plus avantageuse au fonctionnaire. C'est donc vouloir que l'Etat ou la France soit pour le fonctionnaire ; tandis que le fonctionnaire devrait être, au contraire , pour l'Etat ou la France.

Oui, ce que l'on a voulu, et on n'a voulu que cela, c'est de multiplier ces positions avantageuses pour avoir les moyens de s'y pousser, de s'y placer, de les donner à ceux que l'on voudrait favoriser ; d'exploiter la France au profit des intrigans et des ambitieux, de leur donner tous les avantages de la fortune lorsque presque toujours ils n'en ont d'autre que celle de leur ambition, et les goûts, les penchans ordinaires de ceux qui sont riches.

Je ne saurais assez le répéter, lorsque tout le monde maintenant est pauvre, il ne faut pas, non, il ne faut pas aggraver cette malheureuse position en laissant subsister les mêmes impôts, et pourquoi, et en faveur de qui ? Pour que les fonctionnaires, tous ceux qui occupent les emplois reçoivent eux-mêmes des traitemens très élevés, qui ne sont jamais sujets, comme les revenus des propriétaires, à mille accidens qui les leur enlèvent ; pour qu'ils soient eux-mêmes riches, qu'ils le soient même d'autant plus que les affaires allant très mal et la misère plus grande, tout se vend à bien plus bas prix.

Quant à ces fonctions, qui n'appartiennent ni à la magistrature, ni à l'ordre administratif, qui n'ont été créées, comme l'impôt sur les boissons, uniquement que pour prélever de l'argent, et qui ne sont pas seulement vexatoires, mais qui, diminuant la consommation par la gêne de la circulation, par l'élévation excessive des droits, sont extrèmement funestes à la propriété, à l'agriculture, privée ainsi de l'écoulement de ses denrées, on ne saurait trop tôt les supprimer.

Je ne conteste pas néanmoins la nécessité de le faire avec de sages combinaisons qui puissent concilier l'intérêt, les besoins de l'état avec les exigences de l'humanité, qui doivent être pratiquées à l'égard de ceux qui exercent maintenant ces fonctions, et dont plusieurs pourraient tout-à-coup se trouver sans ressources.

En parfant de l'extrème facilité que l'on trouverait à faire toutes ces économies, nous n'avons fondé cette facilité, d'un côté que sur le dévourment des fonctionnaires, possédant de la fortune et qui consentiraient à renoncer à leurs traitemens, et de l'autre sur le consentement ou offres de se contenter de traitemens extrèmement réduits.

Nous avons à dire maintenant que plusieurs contribuables qui n'ont aucune prétention à se qu'on tienne compte de leur générosité, de leur dévouement, mais convaincus qu'ils ne peuvent être eux-mêmes soulagés des charges écrasantes qui pèsent sur eux que par les plus grandes économies, et que tous doivent les faciliter, y concourir, consentiraient très volontiers à exercer temporairement des fonctions dont ils seraient capables et gratuitement, à condition qu'ils fussent ensuite remplacés dans l'exercice de ces fonctions par d'autres qui, à leur tour, les exerceraient aussi gratuitement.

Ainsi, de cette manière on pourrait donner les perceptions même à des personnes de bonne volonté, qui présenteraient des garanties suffisantes de solvabilité

Ces personnes savent bien que ces emplois, avec ces conditions, seraient une véritable charge; ils ne s'y soumettraient donc que par nécessité; mais elles savent aussi que, toute dure qu'elle serait cette charge, elle le serait beaucoup moins sans comparaison que d'être soumis à des impôts excessifs qu'il est impossible de payer.

Elles préféreraient et avec raison une charge, un sacrifice momentané et possible, à des charges continuelles, écrasantes, et bien au-dessus de leurs forces.

Au reste, c'était ainsi que les recouvremens des impôts se faisaient autrefois. C'était une charge redoutée plutôt qu'elle n'était ambitionnée que d'être collecteur ou préposé pour percevoir les deniers de l'état. Et maintenant c'est un des emplois les plus lucratifs et qu'on désire le plus !

On ne peut douter qu'avec un tel système les économies ne fussent immenses.

Les dépenses de toutes les administrations seraient réduites de plus de moitié.

Un très grand nombre renoncerait volontiers à tous leurs traitemens.

On peut compter qu'à l'égard des autres, il serait diminué de moitié.

Mais les économies si nécessaires, puisqu'elles sont le seul moyen d'éviter une catastrophe, sans cela imminente, ne sont pas le seul avantage qu'on en retirerait.

C'est la convoitise des places, si avantageusement rétribuées, qui fomentent les révolutions; c'est pour déplacer ceux qui occupent les emplois pour y arriver soi-même.

Les traitemens élevés, les places lucratives sont donc les matières combustibles qui animent le foyer révolutionnaire : c'est du bitume, de la résine, de l'alcool qu'on jette dans ce brasier.

Le seul moyen de l'affaiblir, de modérer sa violence, serait de diminuer les traitemens, de les abaisser tellement qu'ils n'exciteraient plus l'ambition ; que, pour les accepter, il faudrait au contraire du dévouement, s'imposer des sacrifices.

Oh ! alors, on peut en être bien sûr, nul ambitieux n'en voudrait ; on chercherait ailleurs, dans d'autres carrières, à satisfaire des désirs ambitieux ; la France serait tranquille, car elle serait délivrée de cette guerre sans fin et dont elle paie les frais entre la bureaucratie et la révolution.

La confiance et la sécurité se rétabliraient alors d'elles-mêmes ; toutes les affaires reprendraient aussi leur cours ordinaire, le malaise cesserait, la prospérité ne tarderait pas à renaître.

Nous ne saurions comprendre que le moyen que nous indiquons ne fut pas adopté.

Et d'abord, nous le disons avec une pleine conviction, et nous l'avons d'ailleurs démontré, il est le seul qui puisse éviter la banqueroute, le seul qui puisse sauver la France.

Le seul qui peut soulager toutes les misères, toutes les infortunes, tout ce qui souffre, et qui, de la sorte, puisse concilier tant d'esprits divisés, calmer les irritations, établir la paix dans la société.

Sans doute que ce moyen devra un peu coûter aux fonctionnaires. C'est un sacrifice que leur demande l'état. Le délabrement de ses finances, le malaise général le rendent nécessaire.

Mais, je ne sais pourtant si, bien conseillés, même par leur intérêt, ils ne doivent pas y consentir.

Puisque les économies sont le seul moyen d'éviter la banqueroute, l'état, quand il n'aura plus de ressources, pourra-t-il payer les fonctionnaires ?

Et savent-ils l'explosion qui pourra résulter d'une catastrophe ? Savent-ils s'ils n'ont pas à craindre, à redouter l'exaspération qui naîtrait de la misère, s'ils seraient à l'abri de la violence de ses atteintes ?

Je dis que tous indistinctement, nous avons le plus grand intérêt d'éviter cette explosion ; mais les plus intéressés personnellement à l'éviter, à la conjurer, ce sont les riches, ce sont les hommes en place.

Ce sont donc surtout les fonctionnaires riches qui ont le plus grand intérêt à conjuger ce danger, à faciliter les économies, à y concourir.

Les Français se font tuer pour la cause de l'ordre ; ils font généreusement, pour une si belle cause, le sacrifice de leur vie, et lorsqu'il s'agit, non pas de l'ordre seulement, mais de sauver la France, ils ne fairaient point, les fonctionnaires riches, qui le peuvent, l'abandon, quelques années, s'il le faillait, de leurs traitements ; et ceux qui ne peuvent pas en faire l'entier abandon, ne consentiraient pas à une réduction , ne se contenteraient pas de ce qui leur serait absolument nécessaire? Non, c'est impossible. On ne peut supposer que tant de braves citoyens , qui sont capables de sacrifier généreusement leur vie , soient trop intéressés , trop avares , pour ne vouloir, à aucun prix, consentir à l'abandon de leur traitement , ni en tout , ni en partie.

Il est impossible que tant de dévouement , tant de patriotisme , puisse , dans les mêmes personnes, se concilier avec tant d'égoïsme , tant de cupidité.

Le moyen que nous avons proposé, est donc extrêmement facile. Il ne faut que le vouloir ; il ne faut que de la bonne volonté, et peut-elle manquer à ceux qui déjà donnent de si beaux exemples de patriotisme ?

Et cependant, faut-il le dire , c'est encore l'unique moyen peut-être d'éloigner le danger imminent dont on est , à tout instant , menacé ! Ne vouloir continuer ses fonctions qu'avec un traitement lucratif, c'est mettre en jeu , peut-être en présence du foyer révolutionnaire et de l'exaspération du peuple qui réclame instamment des économies et qui ne peut plus payer, c'est mettre en jeu sa place , sa fortune , sa vie.

Et cela, est-ce de la sagesse? N'est-ce pas plutôt une insigne folie?

On ne la fera pas sans doute cette folie, nous voulons bien le croire. Cependant , nous ne pouvons pas ignorer combien tiennent à leurs gros traitements plusieurs de ceux qui occupent les emplois ou qui espèrent les occuper. Il est donc nécessaire que tous soient bien préparés, que chacun sache ce qu'il convient de faire , dans le cas où le pouvoir ne consentirait pas de lui-même à cette réduction réclamée par toute la France.

ÉLECTEURS !

Si elle vous était refusée , ne désespérez pas de l'obtenir ; elle ne tient qu'à vous ; elle est dans vos mains. Oui , il ne tient, après Dieu, qu'à vous de sauver la France.

Vous voulez des économies ; vous voulez la réduction des impôts ; vous voulez n'en être pas écrasés ; tout cela est très juste , et je dis que vous pouvez très facilement l'obtenir. Faites de bons choix.

Ces bons choix ne dépendent que de vous.

Et, à cette occasion , qu'il me soit permis de vous le rappeler , la France ne peut être sauvée que par des moyens contraires à ceux qui l'ont perdue.

Eh bien! , disons le d'abord , le privilége l'a perdue : le suffrage universel la sauvera.

Avec le privilége la corruption est très facile ; avec le suffrage universel elle est impossible.

La France a été perdue parce que vous n'aviez vous-même aucun droit politique ; parce que vous étiez traités, à cet égard, comme de véritables ilotes.

Et pourquoi le pouvoir s'obstinait-il à vous les refuser ces droits politiques ? Parce qu'il appelait à son aide la corruption ; qu'il voulait vous exploiter ; exploiter la France au profit des électeurs privilégiés.

Les hommes du privilége, avides et intéressés, ne se servaient que pour eux de leurs droits politiques ; ils ruinaient la France pour s'enrichir eux-mêmes.

Eux seuls occupaient tous les emplois ; à eux seuls étaient données les perceptions, les bourses. Pour eux, on avait créé mille places inutiles, grossi tous les traitements, rendu écrasants les impôts.

Ils n'avaient en vue que leur intérêt personnel : le privilége ne peut en avoir d'autre. Mais vous, électeurs du suffrage universel, vous ne pouvez vous proposer que le bien général.

Votre intérêt, c'est ce qui profite à tous. Vous ne pouvez donc vous-mêmes vouloir que le droit, que ce qui est juste.

Avec la justice, en effet, qui ne fait jamais acception de personne, vous serez tous également protégés.

Et pour l'obtenir, que faut-il ?

Faire tout le contraire de ce que faisaient les hommes du privilége.

Ils ne donnaient leurs suffrages qu'à des ambitieux, des intéressés, qui ne pensaient entièrement que pour eux ; dévoués au pouvoir qui leur accordait toutes ses faveurs.

Vous ne les donnerez vous-mêmes, au contraire, qu'à des hommes consciencieux, probes, désintéressés, qui ne se proposeront que l'intérêt de tous : celui de la France.

Vous les donnerez à des hommes qui voudront soulager le peuple, et qui sauront comprendre que le seul moyen d'y réussir c'est de ne séparer jamais l'ordre et la liberté, sans lesquels les économies seront toujours impossibles.

Vous les donnerez à des hommes propres à vous représenter, qui veulent ce que vous voulez vous-mêmes : la réduction des impôts, l'abolition de celui sur les boissons, la suppression des places inutiles, la réduction des traitements, celle de l'intérêt du capital.

En usant ainsi de vos droits politiques, vous prouverez que vous n'êtes point, comme le disaient les partisans du privilége, des ineptes ou dangereux. Vous prouverez, vous industriels, vous ouvriers, vous laboureurs, que vous êtes des hommes d'ordre et assez éclairés pour savoir apprécier ceux qui sont dignes de vos suffrages, pour savoir imiter, mais pour le bien, dans l'intérêt de la nation, pour savoir imiter les hommes du privilége.

Oui, eux ne s'y trompaient pas. Ils savaient bien trouver ceux qui leur seraient favorables, des égoïstes toujours disposés à satisfaire leur insatiable cupidité, à sacrifier les intérêts les plus légitimes, à surcharger tous les autres afin de s'alléger eux-mêmes. Et pour n'en donner qu'une preuve entre mille, il suffit de rappeler que les pâtentes de tous les industriels, de tous les ouvriers furent augmentées, et dans le même temps elles étaient supprimées pour les professions les plus lucratives, celles où l'on arrivait rapidement à la fortune ; mais, professions aussi où le gouvernement trouvait ses électeurs dévoués qui lui donnaient son budget, les professions d'avocat, d'avoué, de notaire, médecins, pharmaciens, etc.

Qu'il me soit permis, à cette occasion, d'ajouter deux mots seulement.

Sully avait dit : « Ayez grand soin des deux mamelles qui nourrissent la France, l'agriculture et l'industrie. »

Le privilége ne songeait qu'à les vexer, les opprimer, les dessécher, tarir entièrement tous les canaux qui pouvaient les remplir, au profit des membres stériles qui ne cessaient de les sucer.

Faut-il s'étonner, après cela, qu'on les ait enfin épuisées, et que la misère soit devenue générale ?

Les candidats doivent être pris indistinctement dans toutes les classes, dans toutes les anciennes opinions, pourvu qu'ils réunissent les qualités nécessaires. Il est très utile encore qu'on en prenne un certain nombre dans la classe des hommes de toute sorte de travail, sans excepter celui de la terre. Car il est très important que l'agriculture, la propriété, soient représentées.

Les vertus morales sont sans doute la meilleure garantie que puisse donner un candidat. Cependant, si par sa position, il pouvait avoir intérêt à la législation que la justice et le bien du peuple auraient droit de réclamer ; cette position même serait un motif de le préférer à d'autres.

La profession de foi, et s'il est possible le mandat, ne devraient jamais être négligés dans le candidat. Car, il faut bien qu'il soit convaincu lui-même qu'on ne lui demande rien qui ne soit très-juste, qui ne soit même nécessaire.

Et, d'un autre côté aussi, les électeurs ne peuvent donner leurs suffrages qu'a des candidats dignes de les représenter, qu'a des candidats par conséquent qui leur soient dévoués, bien décidés à les soulager, à les protéger, qui n'aient d'autre volonté que celle de leurs commettans. Mais l'unique moyen de s'en assurer, c'est la profession de foi, mieux encore, s'il était possible, mais, du moins, la profession de foi est absolument indispensable.

Méfiez-vous toujours des intrigants, des ambitieux, des hommes qui vous portent au mépris du pouvoir, qui ne désirent que le renverser pour y arriver eux-mêmes.

Ce qu'ils demandent ce sont de bonnes places qui leur tiennent lieu d'une fortune, qu'ordinairement ils n'ont pas.

Cette fortune, ils se proposent de la puiser dans la poche des contribuables, et pour cela, ils feraient mille révolutions s'il faillait.

Mais, ne vous y trompez pas, ces révolutions se font toujours à vos dépens : elles vous ruinent et ruinent la France.

Gardez-vous donc bien d'écouter les hommes de désordre, qui ne vous poussent qu'à la révolte et à l'insurrection.

Votre soulagement, le bien, le bonheur de la France, vous l'obtienderez donc, si vous faites de bons choix. Tout sera fait pour elle, lorsque vous aurez nommé des hommes consciencieux, dignes de vous représenter, qui ne veulent que ce que vous voulez vous-mêmes.

Alors, mais alors seulement, il sera vrai de dire que tout sera fait pour le peuple et par le peuple ; et, alors aussi, la France sera sauvée !!!

FOURTEAU, ainé.